ENHEBRA TUS AGUJAS

Esperanza Gassó

COLECCIÓN ITES

ENHEBRA TUS AGUJAS

© Esperanza Gassó Villacampa
© Cubierta: LDG Joel Prince
(joe.matizgrafico@gmail.com)
© de esta edición: Olé Libros, 2025

ISBN: 979-13-87620-96-7
Depósito legal: V-3092-2025
Impreso en España

KALOSINI, S. L.
Grupo editorial olélibros
equipo@olelibros.com
www.olelibros.com

A mi hija Clara
por ser mi mejor crítica y apoyarme siempre

A Joan López por la música y a Joel Prince
por estar a mi lado

A Kety, a Juankar y a Rosa in memoriam

ENHEBRA TUS AGUJAS, MADRE,
y cóseme sin miedo
las torpes cicatrices,
que sin querer se abrieron
en pos de un imposible.
Cósemelas despacio,
que no pueda olvidarme
de tanto daño,
por si un aciago día
mis tentaciones
me hacen volar bajito
y andar buscando por los rincones.
Mírame la sonrisa, madre,
no estoy llorando,
solo son tristes sueños
que de mis ojos se van volando
a posarse en algún hombro
que desde siempre me está esperando.
Coge con tus viejas manos, madre,
mis pedacitos, y haz de tu rota hija
algo bonito:
una sirena, hecha de llantos,
que cuando pasen los marineros
sepa encantarlos,
y con canciones decirle al mundo
que no hay ocaso,
que las sirenas viven y sueñan
cantando cantos.

Permitiéndome la libertad de tomar
prestado un verso de Benedetti que él a su vez
tomó de Carlos Puebla.

TÚ PUEDES CONTAR CONMIGO.
Siempre.
Cuando tus momentos desfallezcan,
cuando creas que la Vida
te ha cerrado ya las puertas,
cuando con muchos amigos
la soledad te convenza,
cuando tu amor más querido
se haya ido hacia otra tierra.
Tú puedes contar conmigo.
Te lo dije aquella tarde
vendiendo rosas y letras,
cuando creas que ya nada
estimula tu firmeza,
yo estaré, aunque lejos, cerca.
Para aguantar tu mirada,
para un apretón de manos,
para abrazar tus flaquezas.
Para depositar en tus labios
el beso que te amanezca,
para abrir tu corazón
a la luz de las estrellas.
Y al fin, para cualquier cosa
que a tu Vida le sirviera.

No PODRÉIS DESCOSERME EL CORAZÓN
de entre las nubes.
No conseguiréis que deje de buscar la luz.
Aunque vengan a maldecirme las razones
no dejaré de escuchar un *blues*.

La música me cierra las heridas,
la poesía me da la libertad,
el amor que invento me hace compañía,
la locura me arranca de la soledad.

¡Y queréis que yo sea como manda el error
de tanta gente!
Que me oculte entre penas y risas,
ocultando rutinas, empapada en alcohol.
¡Y queréis que me olvide de todas las cadenas
que me atan y mutilan sin mediar el perdón!

No pidáis imposibles.
Los milagros existen, siempre que quiera yo.

VEN, COGE TU GUITARRA Y ACÉRCATE,
vamos a desgarrar la voz,
a brindar por el loco ese,
que se le fue la mano manejando ebrio
y ha muerto despeñado
dejándome tirada con el vino amargado
y amargo el corazón.

Pero qué quieres, venga, toca algo
que me alivie y me nuble la razón
y me deje dura y fría.
¿Sabes?
Me gustaba su aspecto desencajado y violento
cuando estaba borracho.
¿Te dije que había muerto?,
ese ni despeñado.
Se habrá ido al infierno...

Lo sé, era cruel y hablaba poco,
pero no tengo otro cuerpo
donde quitarme el frío.
¿Qué haces...? ¿Y la música...?
Pensé que habías dejado de tocar,
sigue, amigo..., no pares...
Ya puedo respirar.

IMPASIBLES ANTE EL DOLOR COTIDIANO,
van sentados en el vientre
del gusano que atraviesa la ciudad.
Sus semblantes heridos por la rutina,
de vez en cuando sonríen
para simular que olvidan
que nada les sorprenderá.
Los días les pasan neutros
envueltos en mil excusas
por no pararse a pensar.
No te acerques ni preguntes
qué esperan, ni adónde van.
Unos te miran con miedo,
otros ni te mirarán.
Estás hurgando en las llagas,
no te van a perdonar.
¡Has querido despertarlos!
¡Castigo!
Pena de muerte ante tal atrocidad.
Deja que mueran viviendo,
no se quieren despertar.

TE MANIPULAN, HERMANO, TE LASTIMAN
y tú encima les quieres dar las gracias.
Te lastiman, hermano, te hieren,
y tú les prestas la última esperanza.

Condicionan tu mente hacia la guerra,
serás capaz de empuñar sus armas.
La muerte la disfrazan de bandera,
te hacen creer que ella es tu patria.

Ciudadano del mundo es lo que eres.

No te dejes engañar, no te hace falta,
para luchar emplea la palabra,
para ayudar, no te confundas con ningún escudo,
y para amar, hermano, sé libre como el viento.

No dejes tu mirada en cualquier barca
ni ancles tu corazón en ningún puerto.

CUANDO SE ENTEREN DE QUE EXISTIMOS
nos pondrán en una galería
dedicada a los seres extraños,
donde cada uno de los expuestos
seremos únicos e irrepetibles,
como todos, pero más.
Cuando sepan que, sobre todo,
creemos en el ser humano,
vendrán a por nosotros y nos llevarán
a la jaula de los incautos,
de los rebeldes, de los exiliados.
Nos exhibirán como a los seres deformados
en aquel circo del terror.
Si alguien les dice que deseamos ser felices
con las miserias cotidianas,
que aún sostenemos en nuestras manos
la esperanza de un mundo mejor,
vendrán, vendrán seguro a buscarnos.
«Estos locos no pueden andar sueltos.
¿Y si hay muchos que piensan igual
y no lo sabían?».
Por eso alzaremos la voz,
para decir lo que pensamos
y los que estén con nosotros
se pondrán a nuestro lado sin más.
Entonces seremos tantos, que, seguro,
no vendrán.

Pesa más el silencio que la muerte,
porque el silencio es denso,
se hace grave y destruye lo que calla.
La muerte es la negación de la esperanza,
con ella termina todo y nos asusta.
Y pesa, claro que pesa.
Pero... pesa más el silencio,
negarse las palabras, perder el tiempo
ahogando sentimientos en lugar de dejarlos
que vuelen a sus anchas.
Y no se recuperan las horas perdidas,
cuando viene la muerte a negar la esperanza.

NO SE DEJA DE LUCHAR CONTRA EL ASEDIO,
porque pasen los años y se «siente cabeza».
Se deja de luchar porque mueren los sueños,
y se entierran hablando del trabajo diario,
de problemas pequeños.
Se nos quiebra la piel por aquello del
«espejo del alma»,
y las fuerzas se quedan esperando sentadas
que les suene la alarma.
Es inútil.
Aprendimos deprisa que para ser maduros
hay que cerrar la boca y tragarnos la hiel
junto al miedo a la herida.
Falsedad y mentira que nos vencen y humillan.
Se deja de luchar porque pesa el cansancio,
y nos matan en vida.

EL TIEMPO IMAGINADO
nos atrapa y nos engaña,
nos empuja sin pedirlo,
nos acoge y nos reclama.
Te toca vivir, no huyas,
has de jugar al juego del que gana,
y si pierdes, no te quejes,
te lo piensas y repites la jugada.
La música suena, hay que bailarla,
si te caes, no te pares,
te levantas y bailas.
El tiempo imaginado
te dará las notas,
te dará las cartas.
La solución: esperar.
Esperando, el tiempo imaginado
se alarga.
Se alarga...

PARA QUE NO ME ESTALLEN
las palabras en la boca
las mantengo alejadas de los labios,
se me agrieta la garganta de atraparlas
y la desilusión va haciendo sus estragos.
Con pasos quedos, cautelosos,
me acerco a rozarte la mirada,
me acerco a respirarte entero,
me pongo a tu lado, te espero,
vienes y me tomas y me matas,
me separo de ti,
me aseguro de no sentir tu ausencia,
y otra vez me encuentro contigo frente a frente
y otra vez se me escapa la conciencia.
Se me vuelan estas locas golondrinas
que son sueños despistados,
que son sueños y no entienden de pasados,
ni de números ni cuentos,
solo saben que cuando estoy a tu lado
se me olvidan los peores pensamientos,
se me llena el corazón con la esperanza,
y la empujo y le mando que se vaya,
pero no deja de brotarme la alegría
y una voz me dice que no deje la batalla,
aunque sepa que la guerra está perdida.

ME RINDO O... ME RINDO.
Triste dilema.
Me rindo ante la evidencia
de no poder mirarte sin sufrirte
o caigo rendida entre tus brazos
aun a riesgo de perderme en ellos.
El caso es que me rindo,
yo que no perdí ni una batalla.
La guerrera rendida ante ti,
ante tu inmensa cobardía,
postrada ante tu imagen
llorándote la ausencia noche y día,
vendiéndose montones de esperanzas
para poder comprar sabiduría.
Vender mi alma al mejor precio
para comprarte palabras que hipnotizan.
Esas que te tienen preso y no te dejan
besarme la sonrisa.
La mirada pendiente de las horas
que pasan,
estas manos cansadas de escribir
tantas lágrimas.
Las piernas temblando ante la despedida,
los brazos abrazando el vacío
que envuelven.
Mi voz rotunda y fría murmurando
un adiós que nadie se merece.

ALGÚN DÍA LOS MONSTRUOS SE IRÁN,
abandonarán la casa.
Sus rincones quedarán libres
para que entre la luz,
y saldremos a jugar como niños hambrientos
a la hora del patio.
Quedarán las huellas del miedo
cubriendo las paredes,
pero poco a poco irán desapareciendo,
dejando pequeñas cicatrices como recuerdo
de los días oscuros, de las horas sin tiempo,
de los llantos sin nombre,
de las manos vacías cargadas de silencios.
Algún día los monstruos se habrán ido
y quedará la Libertad pura y eterna como la Vida.

DICTADURA

Arañando el cristal.

Para que los cobardes
rechinen sus fauces
y abandonen su letargo.

Arañando el cristal.

Para lograr que alguno
levante la cabeza
de su cruel agujero.

Arañando el cristal.

Sujetando el pánico
y cerrando la herida.
¡Ya sangrará luego!

Arañando el cristal.

Mientras cierras la boca,
la lengua en carne viva
de morder los silencios.
Y el horror en los ojos:
miro, pero... no veo.

ARRINCONO MIS MIEDOS, LOS DESTIERRO,
me cierro las heridas y sé que ya es hora de ponerse en pie.
Es hora de caminar sin perder la sonrisa,
de amamantar ideas de futuro sin la sombra perenne de la muerte.
Arrincono a esos sucios ladrones de sueños,
y destapo las cajas de sorpresas que tenía guardadas por miedo.
Ese miedo que frena la Vida y te convierte en piedra.

Como si no tuviera miedo
y navegara en las cálidas aguas de la risa,
como si ser querida fuera
algo asquerosamente cierto
y el deseo me llenara
de espuma y de cilantro.
Como si no pesara sobre mí el desencanto.
Así voy por la Vida
amamantando olvidos, cicatrices heredadas de otras almas,
así voy, querido amor, querido.

CONVENDRÍA
volver a repasarme las costuras
por si desde la última vez se han abierto,
pues tengo la sensación
de que este líquido que fluye
es la tristeza que me empapa sin saberlo.

Convendría
coger unas tijeras, aguja e hilo
y cortar con cuidado los bordes de la herida,
cerrarla puntada a puntadita,
con los ojos encharcados y la piel en carne viva.

Estoy sentada calculando
cómo salir del último holocausto,
cómo vencer al desarraigo,
cómo mantener el alma limpia,
el espíritu inquieto, la frente alta,
la Vida viva, las manos firmes,
la ilusión de niña.
Cómo hacer para no renunciar a seguir la lucha,
cómo tener las armas afiladas
para cortar presentes inauditos
y pasados quemejorolvidar,
cómo contener el llanto
o si más vale dejarlo que resbale
por la piel intocada, intocable.
Estoy sentada, quería calcular
y, en lugar de hacerlo,
se han colado las palabras.
Quizá significa que aún puedo volar.

H DE *HORCA*.

De *Hoz* sin mago.

H de *hallazgo* (en tus pupilas de verde amargo).

H de *hora*, sin tiempo, ni plazo.

H de *honra*, la que nos falta por todos lados.

H de *hembra* que sus amores va destilando.

H de *hombre*, de Hombre amado.

H de *hija*, de amor eterno amamantado.

H de *hielo*, escalofríos abandonados.

H de *hambre*, por los caminos inacabados.

H de *herida*, las cicatrices no se borraron.

H de *humo*, hogar vacío, hogar sin rumbo.

H de *hoguera* donde quemaron mujeres buenas.

H de *holocausto*, el que nos venden de mil maneras.

H de *humano*, corazón pleno, paz venidera.

SE ESPERA EL AMOR Y NO SE SABE EN QUÉ ESQUINA
o en qué calle te lo encuentras.
Los días pasan, el trabajo, los amigos, los problemas,
de vez en cuando unas risas, libros, música, algún mareo
y la Paciencia, esa virtud infinita de la que crees que careces,
pero siempre abusas de ella.
Sigues esperando el día que te envuelvan las estrellas,
se te iluminen los ojos y te flaquee la entereza.
¡Y ese día, bendito día! Que no llega,
pero no pierdes el pulso que con la Vida te juegas,
aguardas enrojecida que su puño toque tierra
y te tiembla el corazón y las lágrimas te ciegan,
pero sigues adelante pensando que en un rincón
hallarás la recompensa.
Algunas veces se abren los cajones de tus nieblas
y afloran de ellos recuerdos, aquellos que tú conservas
para ir degustándolos si las horas pasan quietas.
Son los que te dan la Vida si la Vida se te cierra.
Y así los días pasan, el trabajo, los amigos, las quimeras.

ME DECLARO
hacedora de milagros incompletos,
declaro mis errores más que mis aciertos
y acepto en mis baúles todo lo que no tengo.
Recogeré el aroma de los buenos silencios
y partiré desnuda, tú serás mi alimento.

Tú serás el fantasma de mis noches,
de mis falsos rencores.
Recuérdame: no he muerto.

Me mantendré en la distancia de los besos pequeños,
en la caricia dulce que nos daba sustento,
y asaltaré rabiosa tu casa, sus rincones, tu boca,
tus lamentos, tus idas y venidas, mi triste andar, mis cuentos...

Las vanas esperanzas sobreviven muriendo,
alcanzando la cima de todos los inviernos.
Guardaré mis estrellas, tus galaxias, los miedos,
las muchas carreteras sin llegar nunca a puerto.
Llevo tantas maletas..., es tan duro el descenso...

No siempre se esperan trenes en las estaciones,
a veces te sientas en un banco para ver
los rostros de los que van hacia alguna parte,
a esos lugares que no sabes si quieres conocer.
A veces te quedas parado viendo pasar
las máquinas transportadoras de sueños y pesadillas
y piensas si alguna era la tuya y dejaste
que se fuera sin ti,
a veces sin mirar destino te subes sin saber
dónde has de bajar.
Poco importa la última estación
si no pierdes ni un segundo del paisaje.
A veces simplemente cierras los ojos
y dejas que te azote en el rostro la velocidad del tren.

PUTA LOCURA, BIENVENIDA SEAS
en nombre del azote y del veneno,
en nombre del tiempo inesperado
y de los malos tiempos.

No me importa si eres puta y estás loca,
si vienes a darme lo que quiero:
una loca añoranza de algún beso,
unos brazos suaves, placenteros.
La palabra escrita y susurrada,
los abiertos mensajes venideros.

No vuelvas a gastar bromas pesadas,
no vuelvas a cegar mis ojos ciegos,
si es así, apártate de mí, no vuelvas
a jugar, no es el momento.

Puta locura, bienvenida seas
si llegas y en tus manos hay caricias,
si eres noble guerrera y atrevida,
pero si vuelves a comprarme
con penosas piruetas que no entiendo,
me veré obligada a desahuciarte.
Nunca más entrarás ni en mi casa
ni en mi vida, nunca más, locura puta,
volverás a dejarme malherida.

SOY LA VIAJERA DE LA MUERTE
que es al final como la Vida:
un puente entre el desamor y el desaliento.
Soy la frontera entre dos cuerpos,
soy el azote y la mentira,
también soy la inacabada obra del maestro.

Una figura nítida y constante
que se aparece cada noche
en vuestros sueños.

Soy y no soy,
he ahí que no tenga final mi cuento,
que el libro que reclama mi equipaje
vaya vacío de palabras de consuelo
porque el dolor es uno ahora
en mi carne y en mis huesos.

Soy el Tritón que provoca tempestades,
el águila cautiva, el amanecer inmenso,
el horizonteplano, la piel furtiva de otra piel
y sus malditas consecuencias.

INTENTO A CADA INSTANTE ZAFARME DEL ABRAZO,
de esta sombra que envuelve,
intento el contoneo de las mil mariposas
que mis sueños perdieron.
Quisiera formar parte de profundos abismos,
habitando en el miedo no habrá peligro
de caer desde cualquier palabra.
Intento a cada instante ser la mujer valiente
que siempre he conocido, y se diluye en el silencio
el grito que me hace frágil.
Quisiera ser la otra, la gran desconsolada
que me daba calor jugando en su teatrillo.
Ahora soy solo tierra, como decía el mensaje
que llegó vaya usted a saber desde qué ciudad lejana.
¿Cómo era exactamente?... Ah, sí...
«Los locos son mitad cielo y mitad tierra,
los cuerdos son solo tierra».
Me pregunto en voz alta por dónde andará
el medio cielo que me correspondía cuando estaba loca,
la gran catacumba de atroces despedidas y lamentos
que atravesaban el aire por las noches,
hasta que tomé la sabia decisión de no sentirme
nunca más herida.
Y claro, para eso tuve que secarme por dentro.
Es la única forma de no sangrar.

Yo quisiera escribir como Rigaut
y decir que es agosto y nada importa,
quiero saber decir que hace calor, pero yo lluevo.
Que hay quien se ahoga por el tiempo
y yo me ahogo porque es agosto y estoy perdiendo.

Que las vacaciones están a la vuelta
de la esquina, pero no hay calles,
maldito agosto en que la ciudad
cambia de espacios y brota sangre
de mis paredes, mientras yo lluevo.

Cierra las puertas que dejé abiertas,
quema las naves que anclé en tu puerto
y, por favor, no digas nada,
hazlo en silencio.

ELLOS SE UNEN PARA EL MAL
y nosotros que queremos un mundo mejor
nos dividimos.
Así campan a sus anchas.
Impunes.
Devastadores.
Con la mierda al cuello sin ni siquiera olerla
y las calles llenas de basura
cual vómito desesperado
y las gentes inundadas de ira
lanzándose veneno unas a otras
y ellos sonriendo como los caimanes
después del llanto, antes de la comilona,
antes de sangrarnos.
Y nosotros quietos.
Gritando quietos.
Insultando quietos.
Llorando quietos.
Y el dinero en los bancos.
Y nosotros sin saber sumar, sin recordar que muchos poquitos son mucho.
Y nosotros pagando las facturas
por el miedo a la oscuridad, por el miedo a no tener agua,
por el miedo a la comida cruda.
Y el miedo a la esclavitud colgado del perchero
esperando que alguien lo descuelgue y lo propague
como un virus nuevo que levante cabezas
y corte cadenas.
Como una lluvia tenaz y purificadora.
Por fin el miedo serviría para algo
y ellos quietos ahogados en su mierda.
Por fin.

BRILLANTE CORAZA LA VUESTRA, SEÑOR,
la habéis pulido con destreza,
despierta el interés por su belleza
y esconde al caballero malherido.
Sus destellos, al sol, me desorientan,
consiguen atraparme y confundirme,
pero con rapidez retomo las riendas
y cuando os brota la sangre del olvido
es entonces cuando estoy firme y alerta
y os ofrezco mi mano y mi esperanza.
Hacemos sin dudarlo una gran fiesta
de colores, de vino y añoranza.

DE ALGUNA FORMA PERDÍ LAS PALABRAS, LA ALEGRÍA.
Mi sombra se fue haciendo piruetas
mientras yo me quedaba sola, mirando el presente
sin extrañar el pasado ni el futuro, mirando pasar los días,
las horas incautas eran cómplices del silencio impuesto,
la mente se aferraba al placer de no pensar,
aunque los pensamientos me asaltaran por sorpresa.
El temor a naufragar hacía su trabajo, limpio, metódico, lúcido.
El temor, amo y maestro, dueño de mí y de todos.
Solo hay que hacerle frente y besarlo.
Un buen beso con lengua.

DÉJAME,
no digas que extrañas mis pezones
ni entres en zarzales de los que no podrás salir.
Déjame
ahí, en ese rinconcito obviando mi presencia,
no sea que despierte la loca, la incauta inconsecuente
que tuve que rehuir.
Déjame,
no me mires de frente repitiendo patrones
de amores imposibles, que fueron bandoleros,
piratas, faquires y nunca llegaron a buen fin.
Ya no quiero ese amor a garra y diente
que te asalta a traición en pleno día,
el que quiso Alfonsina y acabó perdiéndose en el mar.
Quiero quedarme sola, quietas las mariposas
y su deseo de volar.
Déjame
con mis noches insomnes, con mis días iguales,
con mi amor sin amar.

En el cenicero quedan los restos
de una canción,
de una melodía que mejora con las notas
de nuestro son.
En el cenicero quedan tu saliva
y la ceniza de las risas,
tu savia y las colillas.
Restos de algo que nunca se desvaneció,
en mi cuerpo tus sudores,
en mi boca tu sabor,
en mis manos tus palabras,
en mi corazón tu voz.

Para Joaquín

Escucho la canción que has compartido,
un recuerdo de hace años,
y me vienen abrazos a las manos.
Los pasillos por donde nos buscábamos
y el afán de encontrarnos.
Los guiños de lejos, diciendo: «Estoy cerca»,
las horas en los bares contra el mal de corea.
Las chispas que saltaban con solo mirarnos.
Sabina cantando su canción más hermosa
y me mueve por dentro y pienso que no hay nada
peor que extrañar lo que nunca jamás sucedió
(otra de sus estrofas).
Y me quedo serena pensando
en aquel año entero de ilusión y derrotas,
de besos en la frente y con eso bastaba.
Y el abrazo de oso mientras yo susurraba:
«Ya estoy en casa»,
pero el tiempo y la Vida se confabulan siempre
para escribir la historia y ahora sí que ya queda escrita
la canción más hermosa.

LA MEMORIA DEL AGUA...
¿Y la sangre, tiene memoria la sangre?
Quiero saber si memoriza las heridas
de los muertos en las guerras.
¿Y de los vivos?, esos que no entienden
los horrores gratuitos
financiados por la crueldad que da el poder.
¿Tiene memoria la piel?
¿Recuerda uno a uno los golpes del amor mal entendido?
Porquetequiero, paraqueaprendas, laculpaestuya.

ME PREGUNTO
por qué no hay centros
para toxicómanos del amor
si es una droga dura.
Es tanto el dolor
que mana de la ausencia
que buscas desesperado
a la persona que lo calma,
sabes que te hace daño
pero te da igual.

ME VOY A ANDAR PERDIDA
por las calles bajo la lluvia
revelando intuiciones,
evocando otros tiempos
de alegría y tristeza,
pensamientos tenaces
que se piensan a tientas
con los ojos cerrados
por no ver la tormenta.
Ilusiones fallidas del amor
y sus cuentas,
de los años pasados,
del futuro impensado,
del presente inestable
de la vida que siempre comienza.
Encontrarnos ahora,
abrazarnos sin miedo,
sin taparnos la boca,
sin bajar la cabeza.

MI DESEO ARDE EN LOS LUGARES
más insospechados.
Bajo la fina capa de la piel
en los párpados transparentes,
en la puntita misma de los dedos.
Arde en las constelaciones
que te nombran,
en los vaivenes que te llevan,
en el sabor salado de tu boca.
Mi deseo es un perro dormido
en los pliegues de tu sombra.

Es la hora de poner a dormir
a los viejos sueños,
acunarlos despacito en el regazo.
Acunarlos...
Que no despierten convertidos
en raras pesadillas
ni amenacen con volver
a ser felices y olvidarnos.
Es la hora de salvar las cicatrices
y decirle a la Vida: «Aún no he muerto».
Aún me quedan el café
y las tostadas redentoras
de las trágicas mañanas,
aún me quedan mis manos y mi frente,
el tacto de memoria de tus ojos,
la soledad rendida a contratiempo,
el despertar del loco en la azotea,
el bus que me llevará a la orilla
de las voces que llaman al silencio,
la trompetita de latón para hacer ruido,
el sonajero de colores de los muertos,
cosas por hacer y deshacer
y el baúl con todos mis recuerdos,
allí pondré los tuyos con cuidado
no vayan a perderse en el intento,
lo cerraré con llave
y bailaré como una loca
para ahuyentarme todos los lamentos.

No sabrás nunca lo que me está costando deshilarte, deshacer tus costuras en mi carne, rechazar después del tiempo la posibilidad de disfrutarte, aunque sea en un cuento de locos, un teatro o una sonrisa desestabilizante.

Cerré mis puertas, mis ventanas y tiré las llaves, pero loco de ti llegaste sin avisar, sin avisarme, y apareciste vivo, vibrante y homicida de mi plan de no volver a enamorarme, y entraste desgranando el buen lenguaje, mirándome a los ojos recitando poemas y moviendo tus manos en el aire. Deshaciéndote culpable de otras manos y las mías abrí para ayudarte.

«No», me repetían mis sentidos ya tocados y hundidos por tu arte. El espíritu de lucha compartido, y yo... nuevamente sin poder articular palabra me rendí a lo inevitable.

La ilusión que me llovió del cielo hace tiempo que sin dudas disipaste. No me llames, que despiertas a la fiera, esa que creí dormida y escondida, esa que no quiero que vuelva a despistarse.

A VECES VEMOS EL PELIGRO, PERO...

Si te gusta que te corten la cabeza
y no sabes cómo hacerlo
para que te la corten bien
atiende este buen consejo:
te levantas el pelo de la nuca,
que esté limpia a la hora de cortar,
y te aplicas una crema que suavice
y un masaje cervical.
Poco a poco te inclinas,
la colocas despacito,
que no tema el verdugo
causar daño y se arrepienta.
Disimula la emoción de tal evento,
que por gracia que le eche el susodicho
si te ve muy temerosa posiblemente
saldrá corriendo y compuesta
y arreglada, lavadita y preparada
no te la querrá cortar.
Que sea leve el capricho
y no dejes de probarlo.
¡Al final te gustará!

TE TOMO LA PALABRA
y la pongo entre mis manos
para hacerla tormenta y pasión,
para hacer con ella algo bello.
Te tomo la palabra
y la pongo en mi boca
para darle el tono que requiere,
para hacer que se oiga tu voz inalcanzable.
Te tomo la palabra
y la pongo en mi pecho
para que prenda y estalle,
para hacer que se sienta tu aliento.
Te tomo la palabra...

Y AL FIN...
Amar,
amar sin condiciones ni adelantos
más allá de lo que establecen los decretos,
más allá de lo terrenal y lo mundano.
Amarte los defectos y los llantos,
la risa tonta y los días malos,
amarte por encima del deseo y liberarlo,
arrancar de cuajo todas las puertas
que me corten el paso.
Visitar desnuda de esperanza
tus oscuros habitáculos,
no llevaré siquiera las pruebas de mi ocaso.
Derramar mi vino en tu copa sagrada,
embriagarme de ti, de tu esencia y tu palabra.

Y SEGUIRÁ LA VIDA BROTANDO LENTAMENTE
girando desbocada cambiando a cada paso su ritmo.
Y seguiremos mudos por mucho que gritemos.
El final es el mismo, solo importa el trayecto,
aprovechar las horas que llevan al mañana.

EL VERBO SE HIZO GRIETA
y me llenó de silencio,
el silencio se hizo olvido
y me llenó de distancia,
la distancia se hizo ausencia
y me llenó de vacío,
el vacío se hizo agua
y me inundó la esperanza,
la esperanza se hizo añicos
y me llenó de cristales,
los cristales se hicieron cortes
y me llenaron de sangre,
la sangre se hizo palabra
y me salió a borbotones
para ensuciarte las manos
y llenártelas de grietas,
de silencios, de distancias
de vacíos y de ausencias.

Hoy hablaban los periódicos
de la erupción del volcán Popocatépetl,
también ha habido reyertas con arma blanca,
algunos presos se han fugado de la prisión en que morían
y posiblemente alguien ha sido feliz
según los cánones establecidos.
La ceniza del volcán me cubre entera
y los cuchillos amenazan con clavarse,
la Libertad es quien forja mis cadenas
y la felicidad según la pintan
no ha venido a presentarse.
También cuentan los periódicos
que han tenido que evacuar a 41.000 personas,
pero se han dejado a una rezagada
a los pies de la montaña que estallaba.
Dicen que el corazón herido de arma blanca
resistirá el golpe con soltura,
que los fugados construyeron otra cárcel
con los barrotes que robaron
y que ser feliz no sale a cuenta,
al final siempre sale caro.
Total, un día como cualquier otro,
con noticias de consuelo y de quebranto,
un día que caduca al día siguiente
como las esquelas del diario.

ESPERO
Que
Nunca
Encuentres
Lo
Que buscas
Porque
Entonces
Es
Que
Tengo
Un
Clon.

DECIDÍ PERDERME
en una esquina de tus labios
y caí en el abismo de tu boca
definitivamente.
Presa entre tus dientes
me senté en tu lengua
esperando que el amor
fuera otra cosa.

ARREMETEN LOS HIERROS NAUSEABUNDOS
contra mi pobre carne apaleada,
las heridas profundas y sangrantes
me empujan a que olvide la esperanza.
Me río de los grandes luchadores
con la inteligencia sucumbiendo
ante las armas.
Con el filo del cuchillo he de cortarte,
simbólica castración de mi mañana.

AQUÍ ME TENÉIS RENDIDA AL CATACLISMO,
atados los pies y las manos a su nombre.
Despejando sonrisas al abismo
y cayendo en picado por los signos
que me gritan diciendo: «Tú no eres».
No soy quien creo ser, ni quien no creo,
soy un ente feroz y acribillado,
un estupor jadeante desalmado
que se eleva en sus sueños sin destino,
un ser deforme y obstinado
paralelo al recuerdo clandestino
de lo que en otro tiempo fue su cálido equipaje.
Aquí me tenéis... rendida al cataclismo.

Venimos de batallas caseras, de exhumaciones en vivo,
de desahucios en caliente, de velar amigos muertos,
de ver el mundo entero como un gran cementerio de barbaries.
Venimos del otro lado de lo establecido, de la locura hecha pedazos.
Cargamos culpas de otros, hechizos, amores perdidos,
olvidados y enterrados también,
descompuestos los cuerpos tantas veces amados.
Por suerte alguno se quedó a nuestro lado para bien.
Venimos de ver los estertores del dictador muerto en su cama
y ahora sufrimos su sádico legado.
Me asombra que después de ver tanto, de vivir tanto,
de morir a poquitos hayamos conseguido seguir en pie.

Dormirme entre tus brazos,
dormirme de dictadores y aguafiestas,
dormirme unos segundos del dolor del mundo
y del olor de los secuaces que intimidan y limitan
a los pueblos vagabundos.
Dormirme entre tus brazos y olvidar cadenas
que nos atan al preludio de una tierra boquiabierta.
Dormir, sin quedar dormida.
Esconderme en tu inmensidad,
del engaño cotidiano, de profetas de lujo.
Perderme en tu pecho amplio y sonoro
y despertar con tu música,
esa que me invita a bailar la Vida
celebrando que un ratito, cada noche,
me duermo de los malos sueños
siempre que esté entre tus brazos.

Borrarlo todo,
borrar incluso lo no escrito
y repartir papeletas a deshoras,
una rifa de amores al segundo
para dejar el sufrimiento al aire,
para sembrar todo el jardín de luto.
Abrázate, no pierdas la esperanza,
lamerse las cicatrices es absurdo,
siempre es mejor una herida
abierta al mundo
para sentir el sabor a hierro
en la garganta, pero sonríe,
los sabores salados no les gustan,
que rebose miel la calle entera
y que ganen la partida los escualos,
tiburones de una élite marchita.

HAY NOCHES EN LAS QUE VAGAS POR LAS CALLES
y no importa con quién te encuentres,
sigues sin mirar a los lados del camino
y avanzas
y avanzas
y no se acaban nunca las calles,
la espesura de las horas
te lleva a desembocar en cualquier cloaca
donde te esperan tus amigos de siempre,
aquellos a los que dejaste por un mundo mejor,
un mundo donde creíste hallar la belleza
y no era más que un cuadro imaginado
por las mentes retorcidas de los hombres sin cabeza.
Ser mendigo en un mundo sin piedad
es ser el rey del no-deseo, de la no-pérdida.
Ser autista en un mundo de seres dormidos,
eso es...
Ser autista.
Encerrarte en el caparazón de la última esperanza
y volar hacia otros cielos
teñidos de brumas y amarillos
y extender las rotas alas, darles impulso,
el impulso del guerrero que no pierde batallas,
solo guerras sedientas de sangre,
sedientas de corazones mutilados.
Las cenizas del último refugio
flotarán en los ríos que circundan mi isla,
se llevarán consigo los restos del naufragio,
ese tan nombrado y tan poco conocido.
Cuando mi barca se hunda
vendrán corceles negros a salvarme.

Llevadme al último reducto de la nada,
no me dejéis encallada en estas sucias aguas,
llevadme donde ruge la Vida,
donde las sonrisas son el pan de cada día
para los cuerpos sin alma,
para las almas sin nido,
sin razón y sin palabras.

LA BOCA ES UNA HERIDA ABIERTA
que ni duele ni sangra.
La boca, manantial divino
de todas tus palabras.
La boca desgarrada de tanto estar cerrada,
de callar certidumbres, de morder esperanzas.
La boca que acomoda los llantos matutinos,
que lanza espumas blancas de rabia indescifrable.
Mi boca, nuestras bocas selladas para siempre
encierran los secretos del último milagro,
el milagro de vivir en la ausencia
sin parar de pensarnos.

Ella cruza la calle,
las fuentes ya no le cantan,
ella espera su querida resonancia.
Se queda quieta escuchando...
Nada...
Se fueron lejos las voces
que antaño la acompañaban,
se fue lejos el amante
que tanto la deseaba,
y se quedó temblorosa
mirando como caían
del calendario las hojas,
mirando como nacían
una a una sus mil canas.
Asistiendo a los bautizos
de hijos que no parió,
asistiendo a tantas bodas
y en ninguna se casó.
Se fue el hombre de su vida
a buscar nuevas quimeras
y la dejó malherida
con los sueños por bandera.
Lo esperó con la fe
marchitando sus entrañas,
lo esperó arrancando de sus pechos
las malditas telarañas.
No resultaron la misa,
ni los rezos, ni la rabia.
Testigo mudo de un crimen:
le mataron la esperanza.

A VECES, CUANDO ME ENCUENTRO SOLA,
cojo la mano de mi pequeña
y se convierte la noche en aurora.

—¿Qué es el arcoíris? —dice.

—Son los colores de los sueños que se evaporan.

—¿Qué son los sueños?

—Son los deseos y los amores que el viento sopla.

—¿Los sopla el viento?

—Sí, los alborota, y si es la brisa, los mece lento y luego llora.

—¿Y por qué llora, mami?

—Porque los sueños son cosa triste si no se logran.

Los labios rojos.
Impolutos.
Sin nadie que los borre.
Las penas se le han roto,
la mirada ausente, sin misterio,
el misterio era la Vida y nadie se lo dijo.
Un día la encontraron llorando el desengaño,
no tuvo consuelo porque no era de nadie,
allí se quedó sola, con las penas a trozos
volándolas al viento,
inmensa como el océano,
oscura como su fondo.
Escondiendo la hermosura hacia dentro,
dejando sin ternura el pensamiento.
Haciéndole a la Vida un guiño corto y cierto:
«Tú no podrás conmigo»
porque seré ya otra, callada, dolorida,
rescatando cenizas entre recuerdos muertos,
ahuyentando paisajes que no me serán devueltos,
amaneciendo ilesa después de cada noche
creyendo que no he muerto.
Seré ya otra apartando a manotazos
la cruel telaraña de todos los inviernos,
de todos los veranos, de las mil estaciones
que vayamos viviendo,
tú, Vida, maltratando, yo sola, defendiendo
las pocas ilusiones y los pequeños sueños,
la tristeza temprana y los tardíos besos,
que, aunque lleguen mañana, no serán esperados,
no serán nunca frescos.
Ya llega todo tarde, ya nada me sorprende.

Y eso, Vida, es grave.
Dejar de sorprenderse es el primer peldaño
que nos calla y nos vence.

Te extrañaba.
No sabía qué hacer sin hablar contigo,
en quién pensar cuando las horas caían bajas
aprisionando la vida y las quimeras.
Siempre estás lejos, pero no te extraño,
porque siempre recurro a tu voz cuando me faltas.
En cambio, en estos días te sentía perdido,
olvidado en el tiempo y la distancia.
Amanecía lenta, callada y taciturna,
porque me acostumbré a repetir tu nombre,
a llevarte conmigo donde quiera que vaya.
A través de los años, a través de mil caminos
tu recuerdo y mi nombre habitan la misma casa.
No me cansaré nunca de sentirte a mi lado,
aunque te sepa ajeno a mi amor y mis palabras.

QUE EN MI SEPULCRO NO SE DERRAME EL LLANTO
porque no estaré muerta en realidad,
no es la muerte del cuerpo la que siento,
sino la lenta agonía del alma.
Sentir como, cada vez,
voy dejando de existir un poco más.
Es como si se me helara la sangre en las venas
y necesitara del fuego artificial
para vivir y sentir.
Por eso no lloréis por mi muerte,
mi sepulcro es mi cuerpo
porque quien muere es mi alma.

EN PLENA CRISIS DE AÑORANZA
anotando la lista de la compra,
intercalando la leche con canciones
que me hablan de lo triste que estoy
sin tu abrazo y sin tu sombra.

Sin tu abrigo, amor, qué frío hace.

En pleno síndrome de abstinencia
de tus besos, cocinando y tendiendo ropa.
Intercalando hamburguesas con pasiones,
que sin ti se me desatan y desbordan.

En plena crisis de comunicación con el mundo,
escribiendo una poesía,
frenándome los pies y las palabras
para no ir en tu busca.

Olvidarte...

Descansar del alboroto de neuronas
y aplacar el sentimiento
de haberme arrepentido en futuro:
por no llorar mañana, hoy estoy rota.

DEBERÍAS DEJARME JUGAR UNA PARTIDA
en la que por una vez fuera la ganadora,
pero sin trampas,
sin dejarme ganar a última hora
y sacándome un as de la manga.
Una jugada limpia y rápida,
con la suerte de cara.
¡Voy servida!
Sin sudar escudriñando caras,
sin dudar por el gesto del contrario,
sin pensarme la apuesta, ir decidida,
con las cartas más altas en la mano.
Es un sueño...
Pero estaría bien seguir soñando,
pues quien juega tanto con la Vida
corre el peligro de perder cada partida
y sonreír como un tonto
a la vez que va jugando.

QUÉ DURA FUE LA DESPEDIDA,
me quedé abrazando tu mirada,
me quedé con el alma chiquitita,
apretando los dientes
y mordiendo las palabras.
Encogido el corazón
que albergaba la esperanza.

Me asomé a la ventana,
oí tus pasos, lentamente te alejabas.
Quise gritarte que volvieras,
que no me hicieras caso
«fue un mal momento,
quizá me he precipitado,
los nervios, ya sabes, me traicionan...»,
pero no grité...,
en silencio apoyé mi cabeza en los cristales
y dejé que las lágrimas rodaran.
Así estuve mucho tiempo,
cerré la puerta, después cerré la luz.
Me di las gracias.

Te quedaste mudo, inmóvil.
A ti que eras el rey de los ladrones,
a ti que destrozabas corazones
te decían que no, pobre pendejo,
y la muy puta te llevaba tantos años
que mientras tu jugabas a canicas
ella ya llevaba tacón alto.
¿Qué querías, engañarla como a todas?
«Te quiero, princesa»
(siempre que estoy en tu cama).
«Contigo estoy en la gloria»
(sin decir nombres, por si acaso).
Esta vez tus malas artes
para el acoso y derribo
no te sirvieron de nada.
Con el rabo entre las patas
has salido malherido.
Tenía que darte las gracias
por haberla distraído,
y una patada en el culo
es lo que has conseguido.

CUÁNTAS VECES ESTOY A PUNTO
de soltar las riendas y caerme,
y dejarme caer en el asfalto,
y quedarme inmóvil,
homicida de tantas esperanzas,
aferrando los sueños a empujones,
defendiendo la ilusión a dentelladas.
Y no sirve la lucha para nada.
La tierra estéril no da frutos,
la tierra yerma no devuelve ni una siembra.
Las malditas semillas se introducen en su vientre,
y se pudren al compás de las esperas.
Tantas veces he pensado
que dejándome caer estoy salvada...
que no sé por qué sigo luchando
si no sirve la lucha para nada.

Oye, no retires la botella de la mesa,
déjala, que llenaré mi vaso.
Quiero que la borrachera sea eterna,
quiero que el alcohol ahogue mi llanto,
que me ayude a olvidar que estoy serena.
Vete a hacer lo que te toque ahora,
no molestes mis augurios de fracaso.
Me serviré otra copa, otro trago
que me queme las entrañas
y confunda el dolor con el abrazo.
Quieto, deja el remedio donde estaba,
ya sé que no remedia, pero ampara
lo crudo de este paso en falso.
Quiero verter el líquido en mis venas,
quiero sentir como me va matando.

La Vida no cortará el hilo que nos une.
Ese que he fabricado
a golpes de miedos vencidos y lágrimas calladas.
Que no se te lleve y, si lo hiciera,
no cortará el hilo que nos une,
ese que he construido palabra por palabra
casi una vida entera.
La Vida no dejará que te vayas
sin oír de mis labios que te amo,
con un amor vencido y callado
que he gritado a través de mil páginas.
No dejará que te alejes
sin pronunciar mi nombre con ternura,
esa ternura esperada y cansada
de tanto navegar y no llegar a tiempo.
Definitivamente
la Vida no cortará el hilo que nos une
y si lo hace, dejará mi herida abierta
sin poder cerrarse desangrada por la pena.
Pero, aun así, yo creo que ni tu muerte lograría
que el amor que te tengo se muriera.

Posiblemente cuerda.
Posiblemente rota.
Posiblemente entera.
Casualmente viva.
Por error, muerta.
Por equivocación, sola.
Con la fe perdida
entre la poca fe
y los sueños guardados
para que no despierten.
Sin quererlo, neutra.
Si... posiblemente cuerda
y loca... ¿Por qué no loca?

EN EL NOMBRE DEL PROGRESO COMPRAN MUERTE,
en el nombre del futuro ganan guerras
y en el nombre de Dios hay unos niños
que les sirven para acallar sus conciencias.
Una ayuda humanitaria, ¡están tan lejos!
Veinte niños salvarán hoy sus pellejos
y mañana morirán.
¡Qué gran comedia!

CIERRA TODAS LAS PUERTAS,
que el aroma del recuerdo
no entre por mis ventanas,
dale a la llave cien vueltas
por si el amor me venciera
y en la tentación cayera
de salir a buscarle
y enredarme con sus alas.
Apaga quedamente
las luces del deseo,
que su mirada me asalta
cuando yo menos lo espero
y no me dejes hablarte
del fuego que llevo dentro,
del amor que me desata
tantas pasiones a un tiempo,
pero, si miras mis ojos
y una niebla ves en ellos,
déjame llorar despacio.
Es mi único consuelo.

Todo lo querido
se despega de tus huesos
y carece de importancia.
Mantenerse erguida
en este caos carente de voluntad
es imposible.
Atropellar sueños
que se desvanecen al tocarlos
es triste.
Es la esperanza
del que no puede más que soñar.
Soñar dulzuras jamás tenidas
y dar las gracias al despertar.
Llorar soñando, vivir soñando,
soñar despierta tu realidad.
Y si algún día
ya no pudieras seguir soñando
ten por seguro que morirás.

A VECES ME LLEVO EL PARAGUAS POR SI LLUEVE,
y la manta por si hace frío,
también me llevo el corazón por si acaso
de no usarlo se estropea.
Un reloj de arena para que resbale el tiempo
y un trocito de esperanza para ir viviendo.
El lápiz y el papel van siempre en mi bolsillo,
me acompaña en silencio la fe, un poco loca,
de vez en cuando se va a tomar café, y se despista.
Unas veces tarda más que otras en volver,
pero vuelve... o voy a buscarla,
porque es un lujo perder la ilusión y las quimeras.
Os lo digo yo, que casi siempre
tengo que correr tras ellas.

Y AL FINAL UN PASTELITO

Hoy pariré restos de locura al evocarte,
escupiré telarañas
y reiré despojada de mis credos,
alumbrará la luna (esa eclipsada)
los más bellos sentimientos
y llevaré tu abrazo etéreo y concluyente
una vez más prendido de mis huesos.
Los labios de cartón flexible y homicida
saborearán los tuyos inocentes,
sabiendo que la Vida tiene mil salidas
y ninguna ha de ser la más coherente.
Hoy he parido mi locura al evocarte,
al volver al instante perfecto del poema
en el que te encuentras sugerente y excitante,
en el que eres mi perfume y...
mi *plum cake*.

CLARO QUE ESTOY EBRIA...
Ebria de tus manos,
de tu sentir inmenso,
de tus acantilados,
por donde va la espuma,
mojándome los párpados,
en donde rompen olas,
igual que fogonazos
entre mi viva piel,
entre tus fuertes brazos.

Sí, estoy ebria de palabras
que tú te has inventado,
igual que inventas muros
para poder saltarlos,
inventas madrugadas
en las que te reclamo,
castillos en la noche
por donde vago sola,
y repito tu nombre
a la vez que te extraño.

Confieso que estoy ebria,
y no quiero negarlo.

ME HAS HERIDO, ES CIERTO,
pero mi sangre no estará
servida hoy en tu copa.
Me arrastraré por los caminos
hasta encontrar el que me salve
y sé que no quisiste herirme,
yo me ofrecí sin ningún miedo.
Abrí las manos que ahora
se vacían sin tus besos.
Cerré las puertas, me quedé dentro.
Para salir no tengo llaves
y no las quiero.

DESCALZA COMO EL TIEMPO QUE NO TIENE NOMBRE
ni lugar de residencia me alejo de lo que más amo,
dura contradicción de los sentidos.
Me obligas, amor, a ir sin tu abrigo
y se congelan los besos que no damos.
Te odio por condenarme a tanto olvido
y aún te quiero más por olvidado.
Reconstruyendo parques y avenidas
solo el desierto habita en mis balcones,
solo el desierto limita con mi vida.
Arrojaré muy lejos mi esperanza,
ya no alimentaré mis buenos sueños,
descenderé de las cimas alcanzadas
para bajar despacio hasta el averno,
tocaré fondo y me daré impulso,
no crea nadie que podrán conmigo
los recuerdos-martillo ni las noches en vela,
ni siquiera la música que escuchaba contigo.
No podrán las palabras que guardo en mis baúles,
ni la sonrisa dulce que se clava en mi carne,
no podrán ni tus manos, ni tu alma de niño
ni tu cuerpo de hombre.

Clausuradas las ventanas con palabras
empuñando verdaderas primaveras,
intentando no luchar con esta nada,
intentando ser al fin saliva y nombre,
interludio de todas las quimeras,
desazón de todos los cobardes,
princesa de un sinfín de fuegos fatuos,
merecedora de castillos sin arena,
de habitáculos repletos como sacos.
Soy el águila que busca las serpientes
para darles caza y saquear sus nidos,
renacer después en pleno vuelo
y dejar de comer ratas y monstruos
para volver a ser lo que no he sido.
Jamás pretendí acunar el odio,
jamás pretendí ser invencible,
pero sin darme cuenta apenas
me volví guadaña segadora,
cristal cortante, hierro al rojo,
espada fugitiva, cielo sin sombras,
agua sin luz, luna ni estrellas.
Pretendí ser mujer, ser simplemente,
y concebí secuelas de otros mundos.
No conocí nada peor que la esperanza
columpiadora de sueños inocentes,
deslumbradora de cautivos indigentes
que reclaman un poquito de su pena,
miserables que se arrastran por un pan,
por un doblón de vino en las tabernas.

ÍNDICE